JN408908

諷 詩 調·33

2013년 7월

박진환 제51시집

지성 · 감성의 메타언어
조선문학시인선 · 348

諷 詩 調 · 33

2013년 7월

조선문학사

■ 책머리에

결론을 대신해서

끝으로 諷詩調 시집 21에서 33집까지의 12권은 지난 2012년 6월 5권의 諷詩調를 동시 출간한 『동굴일지』 Ⅰ·Ⅱ·Ⅲ·Ⅳ·Ⅴ에 이어 1년여에 걸쳐 쓴 1,200여 편의 풍시조를 12권에 나누어 동시 출간했음을 밝혀둔다.

2013년 初夏

박 진 환

박진환 제51시집 / 諷詩調 · 33

2013년 7월

차례

검은 얼굴이어서

미 오바마 미국을 세계를 지키는 자유의 수호자라 자랑턴데
글쎄, 공관도청이나 사생활 감시도 자유수호자의 몫인 모양
자랑보다 먼저 얼굴 붉힐줄 알아야 하는데 검은 얼굴이어서

용기로 보일지, 적으로 보일지

미 요구에도 불구, 볼리비아 스노든 송환 거부한다데
용기를 옹호할 줄 아는 용기 있는 나라 볼리비아
용기를 첩자로 보는 미국 눈엔 용기로 보일지, 적으로 보일지

땀은

땀은 흘릴 줄 아는 자만이 맛보는 행복
땀은 천재만이 흘릴 수 있는 피
땀의 이마만이 캐낼 수 있는 진주

한가 · 1

한가는 휴식이 아니라 일하기 위한 충전의 시간이다
하여 충전이 없는 한가는 일종의 죽음의 시간이다
영혼의 생명인 시간, 충전 없이 혼의 불꽃 태울 수 있던가

무망지복이라도 있어 펴볼거나

행복해서 웃나요, 웃으니 행복하지요란 어느 부채에 쓰인 글귀
그렇구나, 웃으면 행복하고 행복하면 웃는구나, 평생
패인 주름째로 굳어버린 상판대기, 무망지복이라도 있어 펴웃어볼까

※ 무망지복(毋望之福) : 바라지도 않았는데 홀연히 얻어진 행복을 이르는 史記에 나오는 말.

득실득실한 잇속 알 수 없어서

개성공단 실무회담 성공할까? 모르지

알 수 있는 건 서로 다른 꿍꿍잇속 지녔다는 것 뿐

속 같아도 합의 어려운데 속 다른 得失득실한 잇속 알 수 없어서

말다운 말이 있겠는가

말은 침묵의 충만에서 나온다, 풀이하면
침묵의 여과를 통해서 비로소 말다운 말이 나온다는 뜻일 터
침묵을 모르는 소음의 시대이니 어찌 말다운 말이 있겠는가

미생지신도 문제여서

남발된 선거용 공약, 타당성 조사 필요하다던데
지역사회와 정치권에선 공약을 지켜야 한다고 반발
빌공자 空約도 문제지만, 미생지신도 문제여서

※ 미생지신(尾生之信) : 옛날 미생이란 자가 다리 밑에서 여인과의 약속을 지키기 위해 기다리다 홍수가 나 익사했다는 고사에서 나온 말로 우직하게 약속만을 굳게 지킨다는 史記에 나오는 말.

선 아니던가

선거 때 마음과 선거 후 마음 다름을 어찌 탓하겠는가
행운유수니 시이사왕이라는 옛분들 말씀 그르지 않거니
바꿔 바르게 하고 바르게 하기 위해 바꾼다면 선 아니던가

※ 행운유수(行雲流水) : 가는 구름, 흐르는 물과 같이 사물이 잠시도 그대로 있지 않고 늘 변함을 이르는 荀子의 말.

※ 시이사왕(時移事往) : 세월이 흐르고 사물이 변함을 이름.

선거밖에 없거든

민중을 도구화하는 선거꾼을 요술사, 사기사라던데
사는 무슨 놈의 사, 흉악한 꾼이지
헌데 속아준 척 꾼 속이는, 요술보다 더한 재미는 선거밖에 없거든

이로 미루어 알거니

개성 이름값 좇아 성문 열리면 한양도 평양도 따라 열려
옛분들 어찌 그걸 미리 알고 개성이라 이름 했을까
명불허전이 허사가 아님을 이로 미루어 알거니

※ 명불허전(名不虛傳) : 명예·명성이 헛되이 퍼진 것이 아니라는 뜻으로 퍼질만한 까닭이 있음을 이르는 말.

이와 흡사하지 않던가

약속은 믿음을 걸고 쓴 싸인 없는 계약서
옛분들 사람됨의 경중 경낙과신으로 척도했거니
불신의 달인 정치인들의 경우가 이와 흡사하지 않던가

※ 경낙과신(輕諾寡信) : 무슨 일에나 승낙을 잘하는 사람은 믿음성이 적어 위약하기 쉽다는 老子의 말.

추락은 날기 위한 도전이다

날개를 주지 않은 신에의 도전, 비행기는 인간이 단 날개다
도전을 거부하는 신, 비행사고는 신이 꺾어버린 날개다
날개가 있는한 추락도 있기마련, 추락은 날기 위한 도전이다

아첨꾼

입엔 꿀을, 배속엔 칼을 품고 사는 것이 아첨꾼이다
능히 꿀로도, 칼로도 사람을 죽일 수 있는 살인자 아첨꾼
그 꿀과 칼에 스스로가 죽는다는 사실과 피살자가 우리란 사실

부달시의

치우친 고집은 영원한 병이란 팔만대장경의 경구
고집을 철학으로 알거나 신념으로 믿으면서 옳다고 우기는
부달시의 못면하면 약으로도 수술로도 못고치는 병자 못면해

※ 부달시의(不達時宜) : 아주 완고하여 시대를 따르려는 변통성이 전혀 없음을 이르는 말.

행보 더 즐기거니

아시아나 항공사고, 날개달린 건 언제나 추락할 수 있다는 교훈
제마다 날개 펼쳐 비상 뽐내며 으스대며 하늘 높은 줄 모르는데
날개없이 뚜벅뚜벅 헛발질도, 쉬임도 없이 걷는 행보 더 즐기거니

날개

날개는 바람기, 제마다 퍼덕이는 날갯짓은 바람기다
돌개바람이라도 세상 덮치면 접거나 꺾이기 마련
하물며 모우미성이야 말해 무엇하랴, 광풍 멎지않는 이시대에

※ 모우미성(毛羽未成) : 아직 날개가 자라지 못했다 함이니 어리거나 모자란 사람을 일컫는 말.

침묵으로 날개 접어서

아시아나 항공사고, 다투어 보도하는 한국 언론들
비행기는 날개 접고 자빠져있는데 펄펄나는 언론 날개들
취재경쟁 1등 날갯짓이지만 어떤 사건은 침묵으로 날개 접어서

비

비가 찍어 쓰고 가는 부호, . ! ? 는 문법이다
유리창에 부호로 찍고 가는 비의 언어, 까막눈들은 못 읽지, 하물며
悲悲悲, 非非非로도 읽게 하는 자연의 언어를 어찌 읽겠는가

언제 열릴까

장맛비 꼬리에 물려있던, 뇌성벽력도 떼어내지 못한 매미울음을
뻑뻑꾹 뻑뻑꾹 뻐꾸기 울음이 도낏날로 찍어버렸다
쨍하고 열리는 장마 뒤의 하늘, 코리아의 하늘은 언제쯤 열릴까

아냐, 의문이지

개혁주체인 국정원, 국정원 스스로가 개혁하라
암환자에게 스스로 암 도려내라는 격
명진단인가? 명처방인가? 그것이 문제라고? 아냐, 의문이지

뭘 만들어낼지

큰 사고엔 저지른 자, 수습한 자 있기 마련
전자는 범법자, 후자는 영웅, 아시아나 항공사고가 그래
사고가 창조해낸 상극, 창조경제는 뭘 만들어낼지

싹틀 기미 안보여서

창조경제보다 창조정부가 먼저라는 전문가 견해
창조경제 헛소리라는 노벨경제학 수상자 견해
견해는 만발인데 정작 창조는 아직 싹틀 기미 안보여서

사고엔 고사 있기 마련

사고엔 하늘을 치는 청천벽력, 땅을 치는 고사 있기 마련
아시아나 항공사고 봐, 비행기는 땅에 나자빠져 있고
사고 알리는 뉴스는 날개 달고 세계 하늘 날아다녀

사약감이지

4대강 사업 국민이 반대하면 안하겠다 입으로 연막치고
연막 뒤에 숨어 암암리에 추진해온 MB정부 사기사업
걸렸구나 생각하면 판콜 A, 아니지, 사약감이지

나랏님 하지

시시콜콜 법망 둘러치고 몸 뺄게 아니라 떳떳했어야
뭐가 무서워 동행 못해, 떳떳치 못하게
허긴 떳떳했으면 도지사 했겠나, 나랏님 하지

왜 잡혀가는지

국정원 원전 원장, 원자 뭐 그리 좋은 거라고 원자에 걸려들어
선물과 뇌물, 불법과 합법 구별 못한 탓 없지 않지만
소신은 끝내 부정·부인 不자로 일관, 헌데 왜 잡혀가는지

봉이 김선달도 익사 못 면해

감사원 MB정부 땐 4대강사업 꼼수란 걸 몰랐을까?
그땐 감사원이란 게 없었던 걸까? 낮잠 잤던 걸까?
팔아먹은 4대강물, 그러다 겁수되면 봉이 김선달도 익사 못 면해

동굴살이가 그래

지인의 집 뜰에 웃자란 쑥을 한 봉지 뜯어왔다
말리고 쪘더니 향이 짱, 때마침 내자는 흑마늘 만든다고 마늘향 짱
쑥내 마늘내에 묻혀 사니 곰인지, 단군인지, 동굴살이가 그래

큰강 물맛은 몰랐거든

일감지미라 했던가, 쓰고, 시고, 떫고, 구린 맛도 알아야 하고
고기는 씹을수록 맛이 나는 법인데 통째로 삼켰으니 체할밖에
4대강 사업이 그래, 청계천 물맛만 알고 큰강 물맛은 몰랐거든

※ 일감지미(一甘旨味) : 오직 한 가지 단맛.

여 · 야나 남북도

장사엔 득도 있고 실도 있는 법, 어찌 득만을 계산 하겠는가
여 · 야나, 남북협상도 일종의 장사, 흥정도 매한가지
설혹 득불보실일지라도 부당이득보다야 안낫겠나

※ 득불보실(得不補失) : 얻은 것으로써 잃은 것을 메우지 못한다 함이니 결과적으로 손해를 봤다는 뜻.

매한가진걸

개와 토끼가 서로 쫓고 쫓기다 지쳐 둘 다 죽었다는 견토지쟁
어찌 개와 토끼뿐이겠는가, 인간사도 매한가지
인간사뿐이겠는가, 정치 · 경제 · 전쟁도 매한가진걸

※ 견토지쟁(犬免之爭) : 개가 날랜 토끼를 쫓아 다섯 번이나 산을 넘고 세 번을 돌다가 마침내 지쳐 둘이 다 죽어 농부가 이를 취했다는 고사에서 온 말로 두 사람의 싸움 끝에 제3자가 이익을 본 것에 비유한 말.

비

그중 높은 곳에서 내려와 그중 낮은 곳을 골라 딛는다
외발로 뛰어내리고도 수만의 건각으로 경주하듯 질주한다
雨雨雨 소리치며 非를 향해 鈚鈚鈚 화살 쏘아댄다

※ 비(鈚) : 화살 비.

잣대가 이래서야

4대강 공사, 대운하 계획으로 예산 손실 4조 4천
물 막고 물길 내기 위해 물쓰듯 쓴 예산, 알고 보면 물 아닌 피거든
MB때 감사원은 피 못보고 현정권 감사원은 피보고, 잣대가 이래서야

생지옥 부르라

일본은 熱死로 생지옥, 이웃 중국은 대홍수로 생지옥
미국은 스노든 폭로로 뜨거운 비난여론 홍수에 휩쓸려 여론지옥
낙원도 지옥도 아니지만 행여 4대강, NLL 생지옥 부르라

하물며 인간끼리니

직선과 곡선의 차이는 인위와 무위의 차이
MLL도, 구정권과 신정권 사이에 긋는 선도 둘다 인위이니
왜곡은 필연, 신들도 필연성엔 대적 못한다는데 하물며 인간끼리니

겁쟁이 판이어서

악이 숨을 곳은 세상 어디에고 없다, 용기 있는 폭로에 의해
미 스노든처럼 언제든지 드러나기 마련, 헌데 세상은
떳떳하게 얼굴 내미는 용기보다 등에 얼굴 가진 겁쟁이 판이어서

감사원이로다

MB정부 때는 정당한 평가를 받았던 4대강 사업
현 정권에선 4조원 넘는 손실 초래한 사기공사였다니
정권에 따라 잣대 달리한, 믿느냐 마느냐, 그것이 감사원이로다

동악상조란 옛분들 말씀

남북 실무회담, 북 요구로 이산가족·금강산관광 협상 유보
결렬도 되고, 거부도 되고, 타협도 되는 것이 협상이니 유보도 협상이지
동악상조란 옛분들 말씀도 이를 두고 한 말이었거니

※ 동악상조(同惡相助) : 설혹 나쁜 상대라도 그들의 목적을 달성하기 위해서는 서로 돕고 힘을 합쳐야 한다는 史記에 나오는 말.

등외품이어서 일까

문재인, 노·김회담 때 동석했던 현실세들께 진실 말하라던데
말 못하는 이유, 용기가 없는 걸까? 정직성 결여일까?
정직한 자 신의 가장 고귀한 작품이라던데 등외품이어서 일까?

궁금증

환연빙석이라 했던가? 아냐, 폭염열독에도 여 · 야 설전에도 안녹는 의문
입 달린 사람이면 죄다 궁금해 죽겠다던데
고질병 망각증에도 시간가면 갈수록 안 풀리는 궁금증 윤창중증

※ 환연빙석(煥然氷釋) : 얼음이 녹아 시원스럽게 풀린다 함이니 늘 지니고 있던 의문을 분명히 알게 됐다는 左傳에 나오는 말.

입김 · 콧김 합치면

미 버냉커 입김에 세계 경제 얼었다 녹았다
입김만 아니라 콧김에는 세계 주가 올랐다 내렸다
입김 · 콧김 합치면? 코쟁이 높은 콧대에 눌려 세계 경제 납작코 되지

말하는 죽은 목숨이 되지

말·말·말, 잘하면 천냥빚도 갚고 출세도 하지
잘못하면 혀가 잘리고 혀 잘리면 벙어리 되지
모르시는 말씀, 벙어리가 아닌 말하는 죽은 목숨이 되지

인위의 법도는 그와 다르거니

알로카시아는 새 속잎 솟아오르면 맏형격인 맨 먼저 잎이
스스로를 꺾어 자리를 내주는 무위의 법도를 좇는다
새싹 꺾고 올라앉아 군림하는 인간, 인위의 법도는 그와 다르거니

짠다고 나올 것 있기나 할까

햇볕본지 오래인 젖은 장마철에 마른 수건 짜는 국세청
장밋빛 사라진지 오래인 한국의 잿빛 경제는 장맛비인데
장맛비에도 젖을 줄 모르는 마른 수건, 짠다고 나올 것 있기나 할까

유월장마엔

유월장마엔 돌도 큰다던데 허면 돌대가리도 따라 클까
그랬으면 좋으련만 머리 아닌 손톱·발톱에 탐욕뿐이니
늙은 동굴살이, 짐승스럽기가 유월장마 같구나

혹여

비는 죽음·탐욕·욕심으로, 새는 비는 마음을 썩게 한다
팔만대장경의 글귀니 믿어보기로 한다
물이 새는 지하동굴, 혹여 마음 어딘가가 썩어가는 건 아닐까

마른 수건 짜기니

비가 새면 마음이 썩는다던데 코리아는 까딱없겠네
젖고 싶어도 젖지 않는 마른 수건뿐이거든, 헌데 어쩐다
타들어가는 갈증 적셔줄 세금 고갈에다 세수는 마른 수건 짜기니

정치도 예외 아니지

부처간 칸막이 왜 해

부처님 모신 대웅전 가봐, 칸막이 없어, 부처님 가르침 자타불이

왜 선 긋고 칸막이해 둘 아닌 하난데, 정치도 예외 아니거든

곤란하다고

대통령이 일일이 해결하는 방식은 곤란하다고
전문가의 말씀이니 귀담아 듣겠지만, 아니거든
백성들은 대통령이 모든 일 다 한다고 보거든

같기도 하고 아닌 것 같기도 하고

친노파 수장격인 분 말씀인즉 대통령을 당신이라고 호칭
혹여 당선무효 대두 염두에 두다 당선을 당신이라 했나?
당신을 당선이라 했나? 그게 그거 같기도 하고 아닌 것 같기도 하고

반생반숙이면

쇠도 달궈졌을 때 친다는 쇠를 다루는 대장장이 지혜
정치도 기술이란 말 대장간 기술과 다르지 않아
허나 반생반숙이면 경작용 호미 만들다 살상용 낫 만들어서

※ 반생반숙(半生半熟) : 기술이 아직 숙달되지 못하여 서툴다는 뜻.

시인의 눈

꽃을 꽃으로, 낙엽을 낙엽으로, 나무를 나무로 보는 눈도 눈은 눈이다
꽃 · 낙엽 · 나무 속에 들어있는 피를 보는 눈은 마음으로 보는 눈이다
꽃 · 낙엽 · 나무 뒤에 가려진 비의를 보는 見者의 눈이 시인의 눈이다

自他不二데

3・8선, NLL 선긋기, 4대강 물길 막기, 부처간 칸막기
내것 네것 편가르기는 自他가 다름 아니던가
헌데 부처님 대웅전엔 칸막이도 네것 내것도 없는 自他不二데

흉작 못 면해서

정상회담 · 실무회담 · 6자회담 등등등
세계는 목하 등등등 회담 풍년
헌데 풍년관 달리 거둔 수확들은 흉작 못 면해서

거둘 게 없어서

말은 지혜 · 사유 · 정서를 꽃잎으로 하는 언어의 꽃
꽃 피었으면 열매 또한 맺어야 순리인데, 말 · 말 · 말
회담마다 말은 화려한 꽃밭인데 맺지못한 열매, 거둘 게 없어서

비의를 발견하는 눈이다

눈이 아무리 밝아도 육안으론 보이는 것밖엔 보지 못한다
눈 없이도 심안은 보이지 않는 것, 보지 않아서는 안 될 것을 본다
투과·투시력의 견자시각, 시인의 눈은 비의를 발견하는 눈이다

이만하면 상팔자지

강원도 영월에 사는 제자분이 주천약주를 한상자 보내왔다
주천이 술 酒자에 샘 泉자니 술맛이 짱이란 뜻일 터
술맛 음미하며 파한삼아 불러보는 풍시조 한 수, 이만하면 상팔자지

사시에 밀려 외면당한 눈이어서

보인 것은 놓치지 않는 국세청의 눈

숨어 안보이는 것도 찾아내는 검찰의 눈

보인것, 안보인것, 둘다보는 시인의눈, 헌데 사시에 밀려 외면당한 눈이어서

단테 선생님

이웃 중국은 대홍수로 지옥, 일본은 염병앓이로 연옥
한국은 불뿜는 설전에도 얼음띠로 묶인 여·야 냉기류 빙옥지대
천당은 어디 있는가? 있기는 하는건가! 단테 선생님

不二의 한 공간

3·8선, NLL로 금 그어놓고 갇혀사는 코리아
그것으로도 부족해 부처마다 칸막이로 금 긋고사는 코리아
부처님 대웅전은 不二, 칸도 금도 없거든

안되는 것이어서

노령연금 노망연금 신세, 행복기금 행방불명 신세
이러다 박근혜노믹스 창조·민주 경제 미쓰 아닌 미스 안될지
행복이란게 돈만으로도 안되고, 더구나 정치로는 안되는 것이어서

염병헐

강남학군은 냉방시설 쿨, 강북학군은 핫 뜨거워
잘 살고, 못살고 차이 때문에 그런 건 아닌가?
못사는 것도 억울한데 더위까지 염병헐

국민이 섞여줘야

본디 믹스(mix)란 섞음, 조합이란 뜻인데
그 앞에 노(no)를 붙였으니 노믹스, 안섞임, 안조합 아니던가
박근혜노믹스 창조·민주경제도 같은 이치, 국민이 섞여줘야

왜 묻소

사랑이 무어냐고 물으신다면
답은 오직 하나
왜 묻소?

전술이지

성문 열면 항복을 뜻하는데 북녘은 아녀

개성 문 열어 불러들여놓고 닫아 가두려고 해

그게 무슨 전법이더라, 전법은 무슨, 제 꾀에 나자빠지는 전술이지

※ 전(全)술 : 전내기의 술, 곧 가게에 내다 팔려고 만든 날림으로 만든 물건.

외꾸눈으로 사는

아름다움만 보는 눈, 추함만 보는 눈, 눈이 둘이기 때문이다
두 눈의 사치보다 둘 다 보지 않고 사는 봉사이고 싶다
봉사가 되어 마음의 외꾸눈으로 보는 견자이고 싶다

버큼을 좋아해서

한국 맥주수입 해마다 대폭늘어

암, OECD국중 꼴찌 못 면하지만 입맛은 국제적이거든

그보다는 워낙 부풀리는 버큼을 좋아해서

도깨비 세상이거든

국가기록원에 그것도 남북정상회담 회의록 원본이 없다?
필시 누군가가 빼돌렸거나, 파기했거나, 증발시켰을 터
제임스본드 짓은 아닐 것이고, 허면 도깨비짓, 허긴 도깨비 세상이거든

등등등 살기까지

개성공단 실무회담, 만날수록 팽팽한 기싸움, 그놈의
기라는게 민족정기, 금수강산 서기, 형제간 윤기였음 좋을 것을
오기 · 시기 · 혈기에 마주했다 하면 등등등 살기까지

없어야 코리아지

국가기록원에 그것도 남북정상회담 회의록이 없다니
필시 검은 손이 빼냈을 텐데 코리아엔 스노든이 없거든
폭로할 자는 물론, 폭로할 양심 · 용긴들 있겠나, 없어야 코리아지

노욕엔

염색을 했다, 세월은 이제 그만 하얗게 마음 비우고 살라는데
마음은 이와 달리 한사코 검어지고 싶어지니
계피학발 주제에 노욕엔 시커먼 털이 났음이 아니던가

※ 계피학발(鷄皮鶴髮) : 살갗은 닭살같이 거칠고 머리는 학의 날개처럼 희다는 뜻이니 늙은이를 뜻함

다행한 건

기십 만원밖에 없다던 전직 나랏님 은닉재산 태산더미
구전문사 옛분들 말씀 틀린 말 아니었네
다행한 건 재산보다 집권욕 산더미였으면 백성이 무너졌을 것을

※ 구전문사(求田問舍) : 자기의 논과 밭, 가옥 따위 재산만 알고, 나랏일은 외면함을 비유한 말.

의문으로 사양의 변을 대신했다

어느 시인이 1천편이 넘는 시를 한권의 시집으로 묶고자 찾아왔다
어림짐작 계산으로 땀값은 챙길 수 있을 듯 싶었으나 사양했다
그 중에 몇편의 시가 있어 읽힐까? 의문으로 사양의 변을 대신했다

분수나 지키고자 함이다

향후 5천편의 시, 50권의 시집을 더 내놓는 것이 내 마스터플랜이다
노욕・과욕・계학지욕이라고 비난해도 좋다
무욕의 덕목 못 갖췄으니 욕심껏 사는 분수나 지키고자 함이다

하 많아서

나랏님 말씀도 남아있지 않다니, 달리 남아있는 것도 있을까?

있어 청사에라도 기록될 수 있을까?

허긴 역사의 페이지마다 부끄러운 기록들이 하 많아서

까까까?

내용이야 어쨌건 이조실록이 그러하듯 나랏님 말씀은 정사

국가기록원에 정상회담 원본이 없다니 필시 훔쳐갔을 터

역사를 훔쳐갔으니 대도일까? 의적일까? 역적일까?

터졌다 하면

국가기록원에 기록이 없다? 애초 안보냈거나 보냈으나 없앴음이다
허면 왜 안보내고 왜 없앴을까? 필시 구린데가 있었음이다
터졌다 하면 구리구리 구린내 못 면하는 정치

두 잉크로 씌어진 역사

역사란 실록·창작·합작·위작·가십으로 점철된 기록이다
진실과 허위, 확실과 불확실, 의문과 부인의 모순의 기록이다
하여 역사란 등기부는 거짓과 참말의 두 잉크로 씌어져 있다

앞세울 것이 무엇인지

없음이 있음보다 더 나은 것은 僞가 앞에 붙었을 때이고
있음이 없음보다 더 나은 것은 眞이 앞에 붙었을 때다
앞서기 좋아하는 시대, 앞세울 것이 무엇인지 가르침 아니던가

개판이 없음이다

장마 꼬리 드러내면 조물주는 매미울음으로 장마 끝을 알린다
문명의 예보기로는 알릴 수 없는 오차가 없는 자연의 기상예보
개같은 놈의 세상관 달리 자연엔 개판이 없음이니

꼴값은 인간과 달리했다

홍제천 물막이 작은 보엔 야생 오리떼가 날아와 모여산다
또래로 알았더니 몸집 큰놈이 작은놈을 한사코 쫓아냈다
쫓고 쫓기는, 사람사는 꼴과 흡사한 꼴, 헌데 꼴값은 인간과 달리했다

미처 몰랐구나

한바탕 떠들다 모두 떠나버린 고요의 무게에 눌린 정지상태
정지된 시간 속을 유영하듯 헤엄치는 한가가 풀어놓은 염념불망
한가는 단맛보다 고통이라더니 한가가 소환임을 미처 몰랐구나

※ 염념불망(念念不忘) : 자꾸 생각되어 잊지 못함.

일병구실 하려는지

일병장수, 무병급사라던데 한가란 소환지녔으니
다행일까? 불행일까?
병도 병 나름, 감기만도 못한 병이니 일병구실 하려는지

한가·2

당뇨·고혈압·심혈관질환보다 더 무서운 병이 무슨 병이더라
아는체·있는체·가진체·잘난체 하는 동의보감에도 없는 체병
체병보다 무서운 병도 있지, 파한의 처방전도 약도 없는 한가

약도 처방전도 없어서

과식 · 결식 · 포식으로 체한 육체적 체증은 약 · 처방전 많아
허나 정치식상이 역류시킨 신물, 잘난체 · 가진체 · 최고인체
체병이 역류시킨 정신적 신물 체증엔 약도 처방전도 없어서

상판대기

좀 잘됐다고 목에 힘주고 주름살 펴는 상판대기도
좀 못됐다고 우거지에 우거지 뒤집어쓰는 상판대기도 봐줄만해
죽어도 못봐줄 상판대기는 죄 짓고도 붉힐줄 모르는 상판대기

꼴다워서

짝퉁 명품들고 폼내는 꼴이나, 꼴값하며 짝퉁 흔들어대는 꼴이나
꼴에 꼴값하며 꼴답지 않은 꼴사나운 역겨운 꼴보다는
길표 즐기면서 당당하게 구겨질 줄 모르는 길표인생이 꼴다워서

말많은 곳이 어디더라

군자는 말이 적고 소인은 말이 많다던데 말많은 곳이 어디더라
침묵은 금, 다변은 모래, 그래선가 그곳이 아마 모래밭이지
모래로 방천 막아봤자지, 터진 입으론 소인배 못면해

태평성대 덕으로 사는 건지

세상이 어지러우면 약한 놈들이 이름을 떨친다던가
별 볼 일 없는 놈들 이름값 하는 걸 보면 난세일시 분명한데
제대로 이름값 못하고사니 강한놈인지, 태평성대 덕으로 사는건지

열하행

땀방울로 발자국 찍으며 한발짝 한발짝 내딛는다
내딛는 행보 뒤로 하고 홍제천이 서둘러 발걸음 재촉한다
세월을 거꾸로 신은 건각의 만보행에 채인 산수가 나자빠진다

삶들 될까

연중 장맛비로 내리는 우계가 따로 없는 非非非
내린 비에 젖어 마를 줄 모르는 눅눅한 곰팡이 悲悲悲
어느 맑은 날 있어 원터치 안 뿌리고도 곰팡내 안나는 삶들 될까

3박자

기록원에 기록이 없어 서고가 텅텅 비면 채움보다 낫고
감사원에 감사가 없어 할 일 없으면 한 일 있음보다 낫고
형무소에 죄수가 없어 감시가 필요 없으면 감시보다 낫고

되레 아랫것 돼

자네란 호칭은 친구나 아랫사람에게 쓰는 제2인칭 호칭인데
통큰 남자들 자내로 잘못 알고 내자를 자네자네 해쌋데
그러다 되받아 군으로 호칭하면 당신이 되레 아랫것 돼

3무로 찍어보는 4의문부

기록원에 기록 없고, 감사원에 감사 없고
형무소에 죄수 없으면 태평성댄가? 무법지댄가?
아니면 엇박잔가? 3박잔가? 3무로 찍어보는 4의문부

대신 기록으로 남겠네

의혹에 추정, 억측에 단정까지 갖가지 의혹 제기
기록원 정상회담기록 증발 두고 국민 반응이 이러하지 않던가
무가 유를 창조해낸 위대한 역사적 사건이 대신 기록으로 남겠네

불협화음 되고

내렸다 그쳤다, 그렸다 내렸다, 반복법을 아는 장맛비
그래선가 非非非 음계가 되고, 음계가 되어 憂憂憂로 소리치고
정작 雨雨雨는 마지막 악장 엇박자로 불협화음 되고

좋겠다 좋겠다 좋겠다

장맛꼬리 잘려나가듯 非도 憂도 꼬리가 잘려나갔음 좋겠다
비록 연옥살이 못 면할지라도 非憂 없는 맑은 날이었음 좋겠다
非憂 아닌 우비 없이 안 젖는 날들의 삶이었음 좋겠다

아직 덜 섞여서

no mix 그거 무서운 거야, 국민과 섞이기만 해봐
아베노믹스가 일본 천하를 휘어잡았잖아
한국에도 창조·민주 그런 거 있는데, 아직 덜 섞여서

들어 있어서

남북정상회담 기록원본 폐기
자칫 잘못하면 친노 폐가 위기
폐자 돌림에 폐관 · 폐군 · 폐왕 · 폐위 · 폐적이 들어 있어서